# Architecture Studio: Le Par

*Architectes Architetti*
*Architects Architekten*
Architecture Studio:
Martin Robain
Rodo Tisnado
Jean-François Bonne
Alain Bretagnolle
René-Henri Arnaud
Laurent-Marc Fischer
et Gaston Valente

*Mobilier des salles Arredi*
*Furnishings Inneneinrichtung*
Avant Travaux

*Eclairagiste Illuminazione*
*Lighting Beleuchtung*
George Berne
*Paysagistes Architettura del paesaggio*
*Landscape design Landschaftsarchitekten*
Michel Desvignes, Christine Dalnoky,
Françoise Arnaud

# ...ement Européen, Strasbourg

*Textes Testi*
*Texts Texten*
Carola von Betrunk

*Photographes Fotografi*
*Photographers Photographen*
Georges Fessy
Gaston
Roger Rothan - Airdissol
Christophe Bourgeois

*Book Design*
Massimo Vignelli

# © POLTRONA FRAU 2001

1 - 62029 Tolentino - S.S. 77
telefono: +39 0733 909.1   fax: +39 0733 909246 - 971600
e-mail: info@poltronafrau.it   http://www.poltronafrau.it

Production / Produzione: **Piera Brunetta, Vignelli Associates, New York**
Coordination graphique / Coordinamento grafico: **Gabriele Nason, Daniela Meda**
Coordination rédactionelle / Coordinamento redazionale: **Emanuela Belloni, Elena Carotti**
Rédaction / Redazione: **Debbie Bibo, Silvia Maiandi**
Traduction / Traduzione: **Scriptum-Roma, Harlow Tighe**
Service de presse / Ufficio stampa: **Silvia Palombi Arte & Mostre, Milano**
Couverture / Copertina: **Georges Fessy**

© 2001
Edizioni Charta, Milano

© Les auteurs pour leurs textes / Gli autori per i testi

ISBN 88-8158-300-3

Edizioni Charta
via della Moscova, 27
20121 Milano
Tel. +39-026598098/026598200
Fax +39-026598577
e-mail: edcharta@tin.it
www.chartaartbooks.it

Printed in Italy

Imprimé au mois de Mai 2001 en 5000 exemplaires par Nava press, Milano
pour Poltrona Frau
Finito di stampare nel mese di maggio 2001 in 5000 esemplari da Nava press, Milano
per conto di Poltrona Frau

# Sommaire
# Sommario
# Contents
# Inhalt

L'Europe est née et le mobilier est de Poltrona Frau

Que de fois, dans ma vie d'entrepreneur et d'homme, j'ai débattu sur le thème de l'Europe, j'ai vu s'élever et tomber les frontières de ses pays, ses murs, j'ai rêvé un continent paisible et uni, un continent fort, tant comme puissance culturelle que comme marché, j'ai cru aux valeurs et aux opportunités sociales, politiques et économiques susceptibles de naître de sa réalisation.
Je n'aurais certes jamais pu imaginer ou espérer que grâce à l'entreprise dont je suis le président, j'aurais eu un jour l'occasion de réaliser l'ameublement destiné au bâtiment-symbole de notre continent uni: le Parlement Européen de Strasbourg. Je voudrais remercier ici tous ceux qui ont rendu possible la réalisation de ce défi, à commencer par l'équipe de notre filiale française qui a jeté les bases de ce travail et qui l'ont suivi inlassablement; mais aussi nos techniciens, les responsables du projet, tous les collègues et les membres du personnel interne et externe qui ont fait la navette – avec enthousiasme et motivation – entre la lointaine province italienne et Strasbourg, conscients de réaliser bien plus qu'une quelconque décoration intérieure d'un quelconque bâtiment. Je me suis aussi demandé, au-delà des motivations strictement économiques et bureaucratiques, pourquoi Poltrona Frau avait été choisie pour un projet aussi important. Parce que nous sommes compétents, nous travaillons bien, avec un grand sens de la responsabilité: cette motivation simple est certes gratifiante mais elle ne nous satisfait pas.
La vraie raison réside probablement dans la capacité de Frau à conjuguer artisanat et industrie, à croire dans le projet en s'imprégnant de sa signification, mais surtout à travailler aux côtés des architectes dans un esprit de collaboration mutuelle et avec une flexibilité permettant à tout moment la réalisation rapide de l'idée du concepteur. En outre, une confrontation loyale et constructive avec le client nous a permis d'exprimer les particularités de notre entreprise et de mener à terme brillamment cet important travail.
Merci et félicitations donc à Architecture Studio pour leur travail extraordinaire et pour nous avoir entraîné dans cette merveilleuse aventure et merci aux jeunes et enthousiastes architectes d'Avant Travaux pour avoir partagé avec nous cette superbe expérience.
L'histoire de ce défi, images, émotions, inquiétudes et fatigues qui ont touché l'entreprise à tous les niveaux, ne pouvait pas demeurer gravée uniquement dans notre mémoire, c'est pourquoi
nous avons souhaité la présenter dans un ouvrage afin qu'elle puisse devenir – pour Poltrona Frau et pour nous tous – un point de repère pour de nouveaux défis et de nouveaux objectifs.

Franco Moschini
Président de Poltrona Frau

È nata l'Europa e gli arredi sono di Poltrona Frau

Quante volte nella mia vita di imprenditore e di uomo ho dibattuto intorno al tema dell'Europa, ho visto costruire e cadere i confini dei suoi stati, i suoi muri, ho sognato il nostro continente in pace ed unito, forte come potenza culturale e come mercato, ho creduto nei valori e nelle opportunità che la sua realizzazione avrebbe portato a tutti i livelli: sociale, politico ed economico.

Certo mai avrei potuto immaginare, o sperare, che grazie all'azienda che presiedo, un giorno mi sarebbe stata data l'opportunità di realizzare gli arredi per l'edificio simbolo del nostro continente unito: il Parlamento Europeo di Strasburgo.

Sono molti i ringraziamenti che mi sento in dovere di fare, a tutti coloro che hanno reso possibile questa opportunità, a partire dagli uomini della nostra filiale francese, che hanno creato i presupposti per questo lavoro e che l'hanno seguito con impegno instancabile; ai nostri tecnici, ai responsabili del progetto, a tutti i colleghi e il personale interno ed esterno che partendo dalla lontana provincia italiana ha fatto la spola con Strasburgo, con l'entusiasmo e la forte motivazione di chi è cosciente di realizzare molto di più di un comune arredamento all'interno di un comune edificio. Mi sono anche chiesto: al di là delle motivazioni strettamente economiche e burocratiche, come mai è stata scelta Poltrona Frau per un progetto così importante? Perché siamo competenti, lavoriamo bene e con un grande senso di responsabilità, è la motivazione più semplice che ci gratifica ma non ci soddisfa.

La ragione vera è, probabilmente, nella capacità di Frau di saper coniugare artigianato e industria, credere nel progetto, compenetrandosi nel suo significato e, soprattutto, lavorare accanto agli architetti in modo propositivo, flessibile e pronti a materializzare l'idea del progettista. Inoltre, un confronto leale e costruttivo con la committenza ci ha permesso di esprimere le nostre peculiarità di azienda e di portare a termine brillantemente un grande lavoro.

Grazie e complimenti, dunque, ad Architecture Studio per il loro straordinario lavoro e per averci coinvolto in questa meravigliosa avventura e grazie ai giovani ed entusiasti architetti di Avant Travaux per la splendida esperienza insieme condivisa. La storia di questa sfida, immagini, emozioni, preoccupazioni e fatiche, che hanno coinvolto l'azienda a tutti i livelli, non poteva restare solo nella nostra memoria e, per questo, ho voluto fosse raccolta in un libro e diventasse riferimento per Poltrona Frau e per tutti noi, verso nuove sfide e nuovi traguardi.

Franco Moschini
Presidente di Poltrona Frau

**Europe is born and its furnishings are by Poltrona Frau**

As an entrepreneur and a human being, I have often debated the issue of a united Europe, seen the creation and fall of its nations' boundaries and walls, dreamed of a unified, peaceful continent with strength as a cultural power and an economic market, and believed in the values and opportunities that its realization would bring to social, political and economic spheres. I certainly never imagined or hoped that through the company I direct, one day I would receive the opportunity to create the furnishings for the edifice and symbol of our united continent – the European Parliament at Strasbourg.

Beyond the strictly economic and bureaucratic reasons, I've wondered why Poltrona Frau was chosen for such an important project.

The simplest reason gratifies but does not satisfy: because we are efficient, we work well and responsibly. The real reason probably lies in Frau's ability to combine craftsmanship and industry, to believe in the project and profoundly understand its meaning and, above all, to work purposefully and flexibly with architects, always ready to materialize the designer's idea. Furthermore, a faithful, constructive approach to the commission allowed us to express our company's distinctiveness and to bring a great project to a brilliant conclusion. I would like to extend my thanks to many people – all those who made this opportunity possible – beginning with the people at our French office who created the project's necessary conditions and followed it with tireless commitment. I would also like to thank our technicians and project directors, and all the colleagues and internal and external staff who made the long commute to Strasbourg with enthusiasm and motivation which demonstrated their awareness of producing much more than ordinary furnishings for an ordinary building.

Thanks and congratulations to Architecture Studio for their extraordinary work and for involving us in this marvelous adventure, and thanks to the young enthusiastic architects of Avant Travaux for the splendid shared experience. We could not reserve the story of this challenge, its images, emotions, worries and hard work involving the company at all levels to mere memory. I wanted to bring it together in a book, as an inspiration for Poltrona Frau and us all in the pursuit of new challenges and goals.

Franco Moschini
President of Poltrona Frau

## Europa ist geboren, und ihre Inneneinrichtung ist von Poltrona Frau geschaffen worden

Wie oft in meinem Leben als Unternehmer und als Mensch habe ich schon über das Thema Europa gesprochen, habe mitangesehen, wie seine Staatsgrenzen gezogen wurden und gefallen sind, genau wie seine Mauern. Ich habe mir unseren Kontinent vereint und in Frieden erträumt, als starke kulturelle Macht und starke Handelsmacht, ich habe an seine Werte und an alle Vorteile geglaubt, die seine Verwirklichung auf allen Ebenen gebracht hätte: sozial, politisch und wirtschaftlich.

Doch nie hätte ich mir vorstellen oder erträumen können, dass mir dank des Unternehmens, das ich leite, eines Tages die Gelegenheit gegeben würde die Einrichtung für das Haus zu schaffen, das ein Symbol für unseren vereinten Kontinent darstellt: das Europäische Parlament in Straßburg.

Meinen Dank muss ich nun vielen Seiten aussprechen, all denen, die diese Chance Wirklichkeit haben werden lassen, begonnen bei den Angestellten unserer französischen Filiale, die die Voraussetzungen für diese Arbeit geschaffen und sie dann mit unermüdlichem Einsatz weitergeführt haben. Weiter möchte ich unseren Technikern danken, sowie den Verantwortlichen des Projekts und all den Kollegen und dem Personal im Innen- und Außendienst, die zwischen Straßburg und einer weit entlegenen Region Italiens hin- und hergependelt sind, und das mit Begeisterung und der festen Überzeugung, viel mehr als nur die bloße Inneneinrichtung eines ganz gewöhnlichen Gebäudes zu realisieren.

Einmal abgesehen von rein wirtschaftlichen und bürokratischen Beweggründen, habe ich mich außerdem gefragt, warum gerade Poltrona Frau für ein so wichtiges Vorhaben auserkoren wurde. Weil wir fachkundig sind und gut arbeiten und das mit großem Verantwortungsbewusstsein – dies mag die nahe liegendste Antwort sein, die uns zwar wie Honig runter geht, uns aber nicht befriedigt.

Der wahre Grund liegt wahrscheinlich in unserer Fähigkeit Handwerk und Industrieproduktion miteinander zu vereinbaren, an ein Projekt zu glauben und dessen Bedeutung zu begreifen, doch vor allem, sich bei der Zusammenarbeit mit den Architekten miteinzubringen, flexibel zu sein, jederzeit bereit eine Entwurfsidee in die Tat umzusetzen. Außerdem haben wir durch eine aufrichtige und konstruktive Auseinandersetzung mit unseren Auftraggebern beweisen können, wo die Stärken unseres Unternehmens liegen und so eine große Arbeit glänzend abschließen können.

Unser Dank gilt also auch dem Architecture Studio für seine außerordentliche Arbeit und dafür, dass es uns in dieses wunderbare Abenteuer miteinbezogen hat. Auch den jungen und begeisterungsfähigen Architekten von Avant Travaux möchten wir dafür danken, dass wir zusammen mit ihnen diese großartige Erfahrung machen durften. Die Geschichte dieser Herausforderung, die Bilder, Gefühle, Sorgen und Mühen, die die ganze Firma auf allen Ebenen durchlebt hat, sollte nicht nur in unserer Erinnerung bleiben, deshalb wollte ich, dass dies alles in einem Buch zusammengefasst und für Poltrona Frau und uns alle ein Bezugspunkt wird, hin zu neuen Herausforderungen, auf zu neuen Ufern.

Franco Moschini
Präsident von Poltrona Frau

# A propos du Parlement Européen à Strasbourg
*Architecture Studio*

**Carola von Betrunk**    Architecture Studio, vous avez été lauréat du concours international en 1991 pour la construction du Parlement Européen de Strasbourg. Aujourd'hui, les parlementaires européens ont découvert l'architecture futuriste et moderne de ce bâtiment. Pourriez-vous nous expliquer le concept général du projet?

**Architecture Studio**    Construire un bâtiment pour l'Europe représente la plus haute exigence. Il s'agit d'incarner l'idée de la démocratie en mouvement, de l'Europe en devenir, de la liberté, de la paix, d'un pouvoir fort mais délibératif, de concevoir une architecture capable de transmettre concrètement ces valeurs. Comment construire 220.000 m² qui traduisent l'ouverture, le dialogue, le débat, donc un esprit essentiellement démocratique, et échapper à une architecture qui encourt le risque de la monumentalité totalitaire par sa seule échelle? Nous avons proposé un bâtiment à la fois autonome et contextuel, un bâtiment repérable, identifiable, directement ou par la transmission d'image, et un bâtiment qui prenne en compte la morphologie de l'environnement, de la ville à l'Europe. Le contexte au sens le plus large. Ces deux notions, autonomie et contexte, sont antinomiques, mais nous avons voulu les relier dans notre projet, pensant que les oppositions signifiantes sont celles qui ont le plus de sens. La modernité, n'est ce pas vouloir "à la fois" des contraires (ville/campagne, travail/loisir, lisse/brut…). C'est un bâtiment qui allie la force du pouvoir à l'ouverture de la démocratie, cela transposé dans des géométries contradictoires, mais précisément coordonnées: le cercle avec son centre et l'ellipse avec ses centres. Vieux débat entre le classicisme et le baroque.

**Carola von Betrunk**    Au travers de ces deux géométries, ce sont trois figures architecturales qui prédominent dans le bâtiment: l'arc de la toiture, le dôme de l'hémicycle et la tour de bureaux.

**Architecture Studio**    Ces trois éléments-signaux dont le volume général est à l'échelle urbaine, déploient structurellement les quatre fonctions majeures du programme. L'hémicycle, seul "monolythe" du projet, correspond à la première fonction, la principale et la plus emblématique: la délibération. Sa coque de bois s'arrondit en dôme au dessus du toit en pente de la partie du bâtiment qui épouse et relève, en figure de proue, le contour de la rive. L'hémicycle, comme une météorite suspendue dans sa course, semble serti dans les successions de trames transparentes de l'arc où sont distribués les espaces de réunions, de rencontres et les auditoriums qui correspondent à l'activité d'une session. Cette salle, avec 750 places en gradin pour les députés, et 750 places en balcon pour les visiteurs, est l'une des plus grandes d'Europe. Son échelle est à la mesure de sa fonction d'assemblée. Coque tapissée de lumière sans ombre (filtrée par des lames de verre), et éclairée au plafond par des vagues constellées de points lumineux, l'hémicycle parvient à restituer la perception de l'échelle humaine par un jeu de proportions très précisément étudié: pente des gradins, proximité du plafond dont la profondeur est mise en exergue par le mouvement des vagues lumineuses, et le jeu de l'ellipse.

La tour, elle, abrite les 1133 bureaux des parlementaires. Mais les quatre "circuits" – partie privée du travail des parlementaires, partie publique au cœur de l'hémicycle, espace dévolu à la presse, et infrastructure de restauration – ne peuvent précisément être localisés par l'une ou l'autre figure puisque sans jamais se heurter, ces quatre parcours aux accès séparés, aux fonctions précisément définies, s'imbriquent et se croisent sans cesse, dans un système à la fois complexe et fluide de circulation. Une dernière figure, en creux, et qui n'était pas présente dans le programme, est devenue l'un des éléments fondateurs du projet. Une agora, une place monumentale pour la ville, située à l'intérieur de la tour évidée, crée une réplique spatiale et symbolique de l'hémicycle, permet de lui faire écho et de représenter la dimension publique. Cette agora est ouverte au public; c'est un lieu de promenade et de manifestation.

**Carola von Betrunk**     Vu de l'extérieur, le bâtiment est donc immédiatement lisible, repérable: arc, tour, dôme, presque signalétique, logotypique, comme un dessin. Cependant, il est clair que, sous cette apparente simplicité, c'est un bâtiment complexe que vous avez construit. Cela est sans doute inhérent à son échelle et à sa vocation.

**Architecture Studio**     Deux cent mille mètres carrés répartis sur les dix-huit niveaux d'un bâtiment comme une macro-architecture. Mais si le bâtiment se donne à lire de l'extérieur comme un objet unitaire, il déploie et décompose à l'intérieur, dans un mouvement de retournement, tout l'éventail des plans, mesures, perspectives, propres aux deux échelles, urbaine et humaine. Nous avons énoncé la question de l'échelle comme l'une des principales difficultés du projet, mais aussi comme son plus bel enjeu, le "format" de l'architecture ne devait à aucun prix se résoudre dans une réponse monolithique, autoritaire.

**Carola von Betrunk**     Dans un bâtiment aussi grand, n'y a t'il pas un problème de repérage pour les nouveaux venus, les visiteurs et de convivialité pour les utilisateurs?

**Architecture Studio**     Nous avons conçu à l'intérieur du bâtiment un grand jardin linéaire de 200 m de long, 9 m 60 de large et 26 m de haut, tapissé de dalles de schiste noir cassées inégalement, et tramé de lianes grimpantes arrosées et éclairées par des câbles à fibres optiques tendus sur toute la hauteur. Ce jardin est traversé par des passerelles en bois, garde-corps en verre, main courante en bois, que l'on doit emprunter pour aller d'un point à un autre. Deux rues perpendiculaires croisent la première, tandis que l'axe du bâtiment distribue tout au long du parcours les infléchissements de sa courbe. Ce jardin est vu de partout. Il sert d'épine dorsale pour le repérage dans le bâtiment.
Et puis, le site est unique; la rivière Ill et le canal de la Marne au Rhin seront visibles de presque partout.

**Carola von Betrunk**     Une dernière question, un bâtiment aussi complexe aurait-il pu être réalisable il y a dix ans?

**Architecture Studio**     La construction du Parlement a été pour nous l'occasion d'expérimenter et de mettre au point de nouvelles méthodes de travail liées au développement des technologies informatiques, qui modifient profondément la production industrielle et donc les possibilités formelles. L'aspect le plus marquant de cette évolution est la capacité de l'objet industriel à intégrer des caractéristiques uniques. La production industrielle rompt ainsi avec ce qui faisait sa définition: objet répétitif, identique, normatif, et de grande série. Paradoxalement, plus la définition technologique est grande, plus elle laisse de place

à une reprise en compte de la main, ouvrant la voie à une industrie capable de réintégrer les qualités propres à l'artisanat. Numérotés, les éléments de verre de la façade en arc sont dissemblables les uns des autres, leur mesure variant à chaque intersection de la géométrie orthogonale propre à la structure de bâtiment et de la courbe qui l'entoure. Cette nomenclature, rendue possible par l'informatique, permet de nouvelles interprétations techniques qui influent sur la conception, élargissent le vocabulaire et modifient l'esthétique de l'architecture. Le Parlement Européen de Strasbourg révèle la complexité inhérente à son échelle, mais aussi la volonté de créer une architecture qui mette en place des systèmes de relations ouverts, une architecture qui serait à l'image de la démocratie, une et composite, en devenir et vivante. La question de l'échelle se résout ainsi dans l'élaboration d'une architecture paradoxale, dont la complexité se déploie à la fois comme une science exacte et comme un récit. Pour finir, nous tenons à dire qu'Architecture Studio est une réelle équipe d'architectes. Nous étions cinq associés à l'époque du concours: Martin Robain, Rodo Tisnado, Jean-François Bonne, Alain Bretagnolle et René-Henri Arnaud. Plus de soixante architectes ont travaillé au sein de l'agence Architecture Studio à sa mise au point. Il ne faut pas oublier Gaston Valente, architecte associé, Avant Travaux architectes pour une partie du mobilier intérieur, les bureaux d'études Sogelerg, OTE, Serue et ETF et les consultants spécialistes: Desvignes & Dalnoky pour les jardins, L'Observatoire 1 pour l'éclairage, AVLS pour l'acoustique, CEEF pour les façades, Arwytec pour les cuisines, ComEnt pour l'audiovisuel, Casso & Cie pour la sécurité et quelques autres…

A proposito del Parlamento Europeo di Strasburgo
*Architecture Studio*

**Carola von Betrunk**    Architecture Studio, nel 1991 voi siete risultati vincitori del concorso internazionale per la costruzione del Parlamento Europeo di Strasburgo. Oggi i parlamentari europei hanno scoperto l'architettura futurista e moderna di questa costruzione.
Potreste spiegarci meglio il concetto generale del progetto?
**Architecture Studio**    Costruire un edificio per l'Europa rappresenta il massimo dell'esigenza. Si tratta di incarnare l'idea della democrazia in movimento, dell'Europa nel divenire, della libertà, della pace, di un potere forte ma deliberativo; si tratta di concepire un'architettura capace di trasmettere concretamente questi valori. Come costruire 220.000 metri quadrati che traducano l'apertura, il dialogo, il dibattito, dunque uno spirito essenzialmente democratico, e sfuggire a un'architettura che comporti il rischio della monumentalità totalitaria guardandone la sua dimensione? Abbiamo proposto un edificio al tempo stesso autonomo e contestuale, un edificio reperibile, identificabile, direttamente o attraverso la trasmissione della sua immagine; e nello stesso tempo un edificio che consideri la morfologia dell'ambiente, dalla città all'Europa. Il contesto nel senso più ampio. Queste due nozioni di autonomia e contesto sono antitetiche, ma abbiamo voluto unirle nel nostro progetto, pensando che le opposizioni significative sono quelle che hanno più senso. La modernità non è voler far convivere insieme dei concetti contrari (città/campagna, lavoro/ tempo libero, levigato/grezzo...).
È un edificio che lega la forza del potere all'apertura della democrazia, trasponendosi in geometrie contraddittorie, ma precisamente coordinate: il cerchio con il suo centro e l'ellisse con i suoi centri. Vecchio dibattito tra il classicismo e il barocco.

**Carola von Betrunk**    Attraverso queste due geometrie, ci sono tre figure architettoniche che predominano nella costruzione: l'arco della copertura, la cupola dell'emiciclo e la torre degli uffici.
**Architecture Studio**    Questi tre elementi-segnali il cui volume generale è in dimensione urbana, mostrano strutturalmente le quattro funzioni principali del programma.
L'emiciclo, unico "monolito" del progetto, corrisponde alla prima funzione, la principale e la più emblematica: la deliberazione. La sua scocca di legno si arrotonda a cupola al di sopra del tetto in pendenza della parte dell'edificio a cui si unisce e rivela, come una polena, il contorno della riva. L'emiciclo, come un meteorite sospeso nella sua corsa, sembra incastonato nella successione delle trame trasparenti dell'arco dove sono distribuiti gli spazi di riunione, di incontro e gli auditori che corrispondono all'attività di una sessione. Questa sala, con 750 posti su gradini per i deputati e 750 posti nella galleria per i visitatori, è una delle più grandi d'Europa. La sua grandezza è commisurata alla sua funzione di ospitare le assemblee. Scocca tappezzata di luce senza ombra (filtrata da lamine di vetro) e illuminata al soffitto da onde costellate di punti luminosi, l'emiciclo viene a restituire la percezione della dimensione umana attraverso un gioco di proporzioni studiate con precisione: pendenza dei gradini, vicinanza del soffitto la cui profondità è messa in evidenza attraverso il movimento delle onde luminose e gioco dell'ellisse. La torre comprende i 1133 uffici dei parlamentari. Ma i quattro "circuiti" – parte privata del lavoro dei parlamentari, parte pubblica nel cuore dell'emiciclo, spazio dedicato alla stampa e infrastrutture di ristorazione – non possono precisamente essere localizzate nell'una o nell'altra figura in quanto,

senza mai urtarsi, questi quattro percorsi, ai quali si accede
separatamente e che ricoprono funzioni precisamente definite,
si collegano e si incrociano senza fine in un sistema di circolazione
al tempo stesso complesso e fluido. Un'ultima figura, incavata,
e che non era presente nel programma, è diventata uno degli elementi
fondamentali del progetto. Un'agorà, una piazza monumentale per una
città, situata all'interno della torre scavata, crea una replica spaziale
e simbolica dell'emiciclo, permette di fargli eco e di rappresentare
la dimensione pubblica. Questa agorà è aperta al pubblico; è un luogo
di passeggiata e di manifestazione.

Carola von Betrunk    Visto dall'esterno, l'edificio è dunque
immediatamente leggibile, reperibile: arco, torre, cupola, quasi
segnaletico, logotipo, come un disegno. Tuttavia è chiaro che, sotto
questa apparente semplicità, avete costruito un edificio complesso.
Ciò è probabilmente insito nella sua dimensione e nella sua vocazione.
Architecture Studio    200.000 metri quadrati ripartiti sui diciotto livelli
della costruzione fanno immediatamente dell'edificio una macro
architettura. Ma se la costruzione viene letta dall'esterno come
un oggetto unitario, essa esplode e si scompone all'interno, in un
movimento di capovolgimento, con tutta la serie di piante, misure,
prospettive, proprie alle due dimensioni in scala, quella urbana e
quella umana. Abbiamo preannunciato la questione della scala come
una delle principali difficoltà del progetto, ma anche come la sua più
bella risposta, il "formato" dell'architettura non doveva a nessun costo
risolversi in una risposta monolitica, autoritaria.

Carola von Betrunk    In un edificio così grande, non c'è un problema
di orientamento per i nuovi venuti, i visitatori, e di convivialità per chi
lo utilizza quotidianamente?
Architecture Studio    Abbiamo concepito all'interno dell'edificio un
grande giardino lineare lungo 200 metri, largo 9,60 e alto 26, tappezzato
di lastre di scisto nere tagliate in misure diverse, e attraversate da
liane rampicanti, innaffiate e illuminate da cavi a fibre ottiche tese per
tutta l'altezza. Questo giardino è attraversato da passerelle in legno,
"guard-rail" in vetro, ringhiere in legno, che si debbono percorrere per
spostarsi da un punto all'altro. Due vie perpendicolari incrociano
la prima, mentre l'asse dell'edificio distribuisce in tutta la lunghezza
del percorso i mutamenti della sua curva. Questo giardino è visibile da
ogni parte. Serve come spina dorsale per l'orientamento nell'edificio.
E poi è un luogo unico; il fiume Ill e il canale dalla Marna fino al Reno
saranno visibili da quasi ovunque.

Carola von Betrunk    Un'ultima domanda, un edificio così complesso
avrebbe potuto essere realizzato dieci anni fa?
Architecture Studio    La costruzione del Parlamento è stata per noi
l'occasione per sperimentare e mettere a punto dei nuovi metodi di
lavoro legati allo sviluppo delle tecnologie informatiche, che
modificano profondamente la produzione industriale e dunque le
possibilità formali. L'aspetto più significativo di questa evoluzione è la
capacità dell'oggetto industriale di integrare delle caratteristiche
uniche. La produzione industriale rompe anche con ciò che faceva la
sua definizione: oggetto ripetitivo, identico, normativo, e di grande
serie. Paradossalmente, più la definizione tecnologica è grande, più
lascia il posto ad una valorizzazione della mano dell'uomo, aprendo la

strada a un'industria capace di reintegrare le qualità proprie
dell'artigianato. Numerati, gli elementi di vetro della facciata ad arco
sono diversi gli uni dagli altri, variando la loro misura ad ogni
intersezione della geometria ortogonale propria alla struttura
dell'edificio e della curva che lo circonda.
Questa nomenclatura, resa possibile dall'informatica, permette nuove
interpretazioni tecniche che influiscono sulla concezione, allargano
il vocabolario e modificano l'estetica dell'architettura.
Il Parlamento Europeo di Strasburgo rivela la complessità inerente alla
sua dimensione, ma anche la volontà di creare un'architettura che metta
in atto dei sistemi di relazioni aperte, un'architettura che sarebbe
ad immagine della democrazia, unica e composita. La questione della
scala si risolve così nell'elaborazione di un'architettura paradossale,
la cui complessità si manifesta allo stesso tempo come scienza esatta
e come racconto. Per finire, teniamo a dire che Architecture Studio
è una vera squadra di architetti. Eravamo cinque soci all'epoca del
concorso: Martin Robain, Rodo Tisnado, Jean-François Bonne,
Alain Bretagnolle e René-Henri Amaud. Oltre sessanta architetti
hanno lavorato con Architecture Studio per la messa a punto.
Non dobbiamo dimenticare Gaston Valente, architetto associato,
Avant Travaux per una parte dei mobili, gli uffici tecnici Sogelerg, OTE,
Serue e ETF e i consulenti specialisti: Desvignes & Dalnoky per
i giardini, Observatoire 1 per l'illuminazione, AVLS per l'acustica,
CREEF per le facciate, Arvytec per le cucine, ComEnt per
gli audiovisivi, Casso & Cie per la sicurezza e altri ancora...

Regarding the European Parliament at Strasbourg
*Architecture Studio*

**Carola von Betrunk**    Architecture Studio, in 1991 you won the international competition to build the European Parliament at Strasbourg. Today the European Parliament deputies have discovered this building's futurist and modern architecture. Could you explain the project's general concept?

**Architecture Studio**    Constructing a building for Europe was a tremendous challenge. It had to embody the idea of progressive democracy, a developing Europe, freedom, peace, and strong but prudent power. We had to design an architectural structure capable of transmitting these values in a concrete way. How could we construct 220,000 square meters that would translate into open-mindedness, dialogue, debate – essentially a democratic spirit – and escape architecture that runs the risk of totalitarian monumentality by virtue of its scale? We proposed a building that is both autonomous and contextual, visible and identifiable either directly or through the transmission of its image, and one that takes into account the morphology of the environment from the city to Europe. Context in the largest sense. These two notions – autonomy and context – are paradoxical, but we wanted to combine them in our project, believing that significant oppositions are those that make the most sense. Modernity does not mean wanting oppositions (city/country, work/leisure, beautiful/ugly . . .) "at the same time." It means a building that allies the strength of power with the open-mindedness of democracy – this transposed into contradictory geometries, but precisely coordinated: the circle with its center and the ellipse with its centers. The old debate between classicism and baroque.

**Carola von Betrunk**    As a result of these two geometries, there are three architectural figures that dominate the building: the arc of the roof, the dome of the amphitheater, and the tower of the offices.

**Architecture Studio**    These three sign-elements, whose general volume is at the urban scale, structurally deploy the four major functions of the program.

The amphitheater, the project's only "monolith," corresponds to the first function, which is the primary and most emblematic one: deliberation. Its wooden hull swells into a dome above the pitched roof on the side of the building that follows and sets off the outline of the bank as a key figure. The amphitheater, like a meteorite halted in its course, seems to be set in the repeated transparent framework of the arc, where the conference rooms and meeting spaces are located, as well as the auditoriums for session activities. The amphitheater, with 750 places arranged in tiers for the deputies, and 750 seats in the balcony for visitors, is one of the largest in Europe. Its size is in scale with its function as a parliament.  It is filled with light (filtered by strips of glass), and is illuminated from the ceiling by wave motifs studded with luminous spots. The amphitheater succeeds in restoring the sense of human scale through its precisely studied proportions: the slope of the stairs, the proximity of the ceiling, whose depth is emphasized by the movement of the luminous wave motifs, and the effect of the ellipse shape.  The tower accommodates 1,133 offices for the parliament members.  But the four "circuits" – the area for the members' private work, the public part at the heart of the amphitheater, the space allotted to the press, and the catering infrastructure – cannot be precisely identified by one element because, without ever colliding, these four functions with separate accesses and defined roles, overlap and cross continually in a system of passageways that is both complex and fluid.

A last figure, which is hollow and was not present in the original architectural program, became one of the founding elements of the project. An agora, a monumental place for the city, is located within a hollowed-out tower, creating a spatial and symbolic replica of the amphitheater, echoing it and representing the public dimension. The agora is open to the public, and is a place for walks and demonstrations.

**Carola von Betrunk**     Seen from the exterior, the building is immediately readable: arc, tower, dome – practically logos or identifying marks, like a drawing. Nevertheless, below this apparent simplicity, you've clearly constructed a complex building. Undoubtedly that is an inherent aspect of its scale and function.

**Architecture Studio**     Two hundred square meters distributed over the building's eighteen levels like macro-architecture. But if the building reads like a unified object from the outside, inside it reverses, and deploys and decomposes the entire range of plans, dimensions and perspectives into two scales – urban and human. The question of scale was one of the project's primary difficulties, but also its greatest challenge.

The architectural "format" could not at any price resolve itself with a monolithic, authoritarian response.

**Carola von Betrunk**     Does such a large building pose problems related to user-friendliness and visitors' ability to find their way around?

**Architecture Studio**     For the building's interior, we designed a large linear garden that is 200 meters long, 9 meters 60 centimeters wide, and 26 meters high. It is paved with black unevenly broken shale flagstones, and threaded with climbing vines that are watered and illuminated by fiber optic cables that stretch along the entire height. The garden is crossed by wooden footbridges that have glass guards and wooden handrails, which go from one area to another. Two perpendicular walkways cross the first one, so that the building's axis distributes the shifts of its curve along that route. You can see this garden from everywhere – it serves as the backbone for getting around in the building. And then the site itself is unique; the bank of the Ill and the canal of the Marne au Rhin are visible from almost everywhere.

**Carola von Betrunk**     One last question. Would it have been possible to construct such a complex building ten years ago?

**Architecture Studio**     The construction of the Parliament was an opportunity for us to experiment and perfect new working methods related to the development of computer technologies, which have radically altered industrial production and consequently formal possibilities. The most notable aspect of this evolution lies in the industrial object's ability to integrate unique characteristics. Industrial production has broken away from what defined it: repetitive, identical, standardized and mass produced objects. Paradoxically, the larger the definition of technology becomes, the more room it leaves for a return to craftsmanship, opening the way to an industry capable of reintegrating qualities inherent to the artisan. The numbered glass elements of the arched façade are each unique. Their dimensions vary at each intersection of the orthogonal geometry of the building's

structure and the curve that surrounds it. This is made possible by computer technology, which makes new technical interpretations possible that in turn influence design, enlarging the vocabulary and altering the architectural aesthetic. The European Parliament at Strasbourg reveals the complexity inherent to its scale, but also the desire to create architecture that sets up systems of open relationships, architecture that is the image of democracy – one and composite, becoming and living. The question of scale is thus resolved by the creation of a paradoxical kind of architecture, whose complexity unfurls like an exact science and a narrative. To conclude, we would like to say that Architecture Studio is a real team of architects. At the time of the competition, there were five associates: Martin Robain, Rodo Tisnado, Jean-François Bonne, Alain Bretagnolle and René-Henri Arnaud. More than 60 architects worked at Architecture Studio at the project's completion.

We also would like to mention Gaston Valente, an associate architect, Avant Travaux Architects for a portion of the interior furnishings, the Sogelerg research department, OTE, Serue, ETF and the specialized consultants: Desvignes & Dalnoky for the gardens, L'Observatoire 1 for lighting, AVLS for acoustics, CEEF for the façades, Arwytec for the kitchens, ComEnt for audiovisual, Casso & Cie for security and many others, as well …

Über das Europäische Parlament in Straßburg
*Architecture Studio*

**Carola von Betrunk**   1991 war Architecture Studio Preisträger der internationalen Ausschreibung zum Bau des Europäische Parlaments in Straßburg. Die Europaparlamentarier haben nun die futuristische und moderne Architektur dieses Gebäudes entdeckt. Würden sie uns das zu Grunde liegende Konzept des Entwurfs erläutern?

**Architecture Studio**   Ein Gebäude für Europa zu bauen heißt höchsten Anforderungen zu entsprechen. Dabei geht es darum, eine Vorstellung von der sich in Bewegung befindlichen Demokratie zu vermitteln, aber auch von einem sich herausbildenden Europa, sowie von Freiheit, von Frieden und von einer starken und gleichzeitig beschließenden Kraft, kurz: es geht darum, Architektur zu machen, die diese Werte konkret vermitteln kann. Wie soll man nun 220.000 m gestalten, in denen sich Öffnung, Dialog und Diskussion ausdrücken, also ein wesentlich demokratischer Geist, ohne dass dabei ein Gebäude herauskommt, das schon allein durch seine Bedeutsamkeit einer totalitären Monumentalität erliegen könnte? Wir haben ein Gebäude entworfen, das in gleichem Maße autonom und kontextbezogen ist, ein Gebäude, das man direkt erkennen und identifizieren kann, aber auch dadurch, dass es der bildhafte Ausdruck seiner Werte ist, ein Gebäude, das die Beschaffenheit seiner Umgebung, ausgehend von der Stadt bis hin zu ganz Europa, miteinbezieht. Kontext muss also im weitesten Sinn verstanden werden. Diese beiden Punkte, Autonomie und Kontext, stehen zwar scheinbar im Widerspruch, doch wollten wir sie in unserem Entwurf vereinen, denn wir meinen, dass gerade die bedeutungstragenden Gegensätze am meisten Sinn machen. Bedeutet Modernität nicht auch gleichzeitig Gegensätzliches zu wollen (Stadt / Land, Arbeit / Freizeit, glatt / unbearbeitet...). In diesem Gebäude verbindet sich die Kraft der Macht mit der Öffnung der Demokratie, dadurch dass sie in widersprüchliche, doch auch genau koordinierte Geometrien übertragen wurden. Der alte Streit zwischen Klassizismus und Barock.

**Carola von Betrunk**   In diesen beiden Geometrien gibt es drei architektonische Figuren, die in diesem Gebäude vorherschen: der Dachbogen, die Kuppel des halbkreisförmigen Plenarsaales und der Büroturm.

**Architecture Studio**   Diese drei Zeichen-Elemente mit einem dem urbanen Umfeld entsprechenden Grundvolumen entfalten strukturell die vier Hauptfunktionen des Programms. Als einziger "Monolith" im Entwurf dient der halbkreisförmige Plenarsaal der vordersten, wichtigsten und emblematischsten Funktion: der Beschlussgebung. Sein hölzerner Rumpf rundet sich unterhalb des abgeschrägten Dachs zu einer Kuppel ab, und zwar auf der Seite, die gleich einer Gallionsfigur auf das Flussufer hinausgeht und es damit zur Geltung bringt. Wie ein auf seiner Laufbahn stehengebliebener Meteorit scheint der Plenarsaal in die Abfolge transparenter Bogenstrukturen eingefasst zu sein, dort wo die Konferenzsäle, Sitzungsräume und Auditorien ganz nach den Erfordernissen einer Sitzungsperiode verteilt sind. Mit seinen 750 Plätzen auf den Treppenstufen für die Abgeordneten und den 750 Plätzen der Loge für die Besucher ist dieser Saal einer der größten in Europa. Die Ausmaße werden seiner Funktion als Versammlungsort gerecht. Die Decke dieses lichtdurchfluteten Gehäuses ohne Schatten (herausgefiltert durch Glaslametten) ist mit Lichtquellen übersät, die den ganzen Saal mit ihren Lichtwellen beleuchten. Durch ein genau ausgetüffteltes Spiel

mit den Proportionen spürt man im Plenarsaal die Bemühung um eine menschgerechte Dimension: die Abschrägung der Stufen, die Nähe der Decke, deren Lichtwellen die Tiefe des Raums unterstreichen, und das Spiel mit der Ellipse. Der Turm beherbergt die 1133 Parlamentarier. Doch können die vier "Kreisläufe" – ein der Öffentlichkeit nicht zugänglicher Abschnitt des Arbeitsfeldes der Parlamentarier, ein der Öffentlichkeit zugedachter Abschnitt in der Mitte des Plenarsaales, ein der Presse vorbehaltener Raum sowie die Infrastrukturen der Restaurationsbetriebe nicht eindeutig lokalisiert und als das ein oder andere festgelegt werden, weil diese vier Kreisläufe mit separaten Eingängen und genau festgelegten Funktionen zwar nie direkt zusammenstoßen und doch in einem sowohl komplexen als auch fluiden Zirkulationssystem permanent ineinander greifen.
Ein zuletzt angefügter Hohlraum, der im Entwurfsprojekt zunächst nicht vorgesehen war, wurde dann zu einem der grundlegenden Elemente des Entwurfs. Im Inneren des ausgeweiteten Turms befindet sich nun als monumentaler Platz in der Stadt eine Agora, die eine räumliche und symbolische Wiederaufnahme des halbkreisförmigen Plenarsaales darstellt und diesem spiegelbildlich gegenübergestellt ist und so die öffentliche Dimension deutlich macht. Diese Agora ist dem Publikum zugänglich und als Ort für Spaziergänge und Veranstaltungen gedacht.

Carola von Betrunk     Von außen ist das Gebäude also auf den ersten Blick zu erkennen und lesbar: Bogen, Turm, Kuppel sind gleich einer Grundrisszeichnung erkennungsdienstlich und logotypisch. Und doch liegt es auf der Hand, dass sich hinter dieser augenscheinlichen Einfachheit ein sehr komplexes Gebäude verbirgt, das Sie da entworfen haben. Zweifelsohne drückt sich darin inhärent seine Stellung und Bestimmung aus.
Architecture Studio     Diese 200.000 m, verteilt auf 18 Stockwerke, stellen einen Makrobau dar. Doch auch wenn das Gebäude sich von außen als einheitliches Bauwerk zeigt, entfaltet und zergliedert es in seinem Inneren in einem u-förmigen Umlauf die ganze Skala seiner Pläne, Maße und Perspektiven und das auf zwei Ebenen, der urbanen und der menschgerechten. Dieses Problem der Ebenen war für uns beim Entwurf eine der größten Schwierigkeiten und gleichzeitig war es eine wunderbare Gelegenheit eben diesen Problempunkt einzusetzen, denn das "Format" des Baus sollte auf keinen Fall eine monolithische oder autoritäre Auflösung finden.

Carola von Betrunk     Stellt sich bei einem so großen Gebäude nicht das Problem des Zusammenlebens der Benutzer oder, dass Neuankömmlinge und Besucher sich nicht zurechtfinden?
Architecture Studio     Wir haben im Inneren des Baus einen großen linearen Garten von 200 m Länge angelegt, 9,60 m breit und 26 m hoch, ausgelegt mit schwarzen, unregelmäßig behauenen Schieferplatten und strukturiert durch hochkletternde Lianen, die über die ganze Höhe hinweg von Glasfiberfaserkabeln benetzt und beleuchtet werden. Um vom einen zum anderen Ende zu gelangen, führen quer durch den ganzen Garten hölzerne Stege mit Schutzgeländern aus Glas und hölzernen Handläufen. Zwei querverlaufende Wege überkreuzen einen anderen, so dass ausgehend von der Gebäudeachse über den ganzen Weg hinweg die Kurven der bogenförmigen Struktur des Baus wahrnehmbar sind.

Der Garten ist von überall aus sichtbar. Bei der Orientierung in diesem Gebäude übernimmt er die Funktion einer Wirbelsäule. Außerdem ist auch seine Lage einzigartig, von fast jedem Standpunkt aus kann man das Ill-Ufer und den Rhein-Marnekanal sehen.

Carola von Betrunk     Eine letzte Frage: Hätte ein so kompliziertes Gebäude auch schon vor zehn Jahren realisiert werden können?
Architecture Studio     Der Bau des Europäischen Parlaments war für uns eine Gelegenheit neue Arbeitsmethoden auszuprobieren und auszufeilen, die mit der Entwicklung von Informatiktechnologien zusammenhängen, ein Sektor, der die industrielle Produktion und damit auch die formellen Möglichkeiten tiefgreifend verändert hat. Der bezeichnendste Aspekt dieser Entwicklung ist, dass das Industrieprodukt nun einzigartige Charakteristiken haben kann. Die industrielle Produktion bricht so mit dem, was sie einmal ausgezeichnet hat: nämlich dem wiederholbaren, identischen, normierten Objekt in großer Serie. Je weiter die technologische Auflösung fortgeschritten ist, desto mehr geht sie paradoxerweise dazu über, sich wieder der Handarbeit zuzuwenden, um somit einer Industrie den Weg zu ebnen, die ihre Eigenschaften mit dem Handwerk vereint. Die einzelnen Glaselemente der bogenförmigen Fassade sind nummeriert und keines gleicht dem anderen, ihre Größe variiert in jedem Abschnitt der orthogonalen Geometrie, die für die Struktur des Gebäudes und die es einfassende Kurvenlinie charakteristisch ist. Diese, durch die Informatik ermöglichte Nomenklatur gestattet, dass neue, die Konzeption beeinflussende Techniken erarbeitet werden, die somit das Vokabular erweitern und die architektonische Ästhetik verändern.
Das Europäische Parlament in Straßburg lässt eine seiner Stellung entsprechende Komplexität erkennen, doch auch den Wunsch, eine Architektur zu schaffen, die ein System offener Verbindungen herstellt, ein Gebäude hervorzubringen, das Sinnbild einer einzelnen aber auch zusammengesetzten, einer zukünftigen wie einer bestehenden Demokratie werden soll. Das Problem der Bedeutsamkeit löst sich so in der Erarbeitung einer paradoxalen Architektur, deren Komplexität sich einmal als exakte Wissenschaft darstellt und dann wiederum einen erzählenden Charakter inne hat. Abschließend soll noch gesagt werden, dass Architecture Studio aus einer wahren Equipe von Architekten besteht. Zum Zeitpunkt der Ausschreibung waren wir fünf assoziierte Architekten: Martin Robain, Rodo Tisnado, Jean-François Bonne, Alain Bretagnolle und René-Henri Arnaud. Mehr als 60 Architekten haben im Umfeld des Büros von Architecture Studio Europe an der Verwirklichung des Entwurfs gearbeitet.
Erwähnt werden sollten aber auch der assoziierte Architekt Gaston Valente, die Architekten von Avant Travaux, was einen Teil der Inneneinrichtung betrifft, das Studienbüro Sogelerg, OTE, Serue und ETF, sowie Berater in Fachgebieten: Desvignes & Dalnoky für die Gärten, das Observatoire 1 für die Beleuchtung, AVLS für die Akustik, CEEF für die Fassaden, Arwytec für die Küchen, ComEnt für den audiovisuellen Bereich, Casso & Cie für die Sicherheit und noch einige andere mehr…

## Mobilier des salles

Avant Travaux Architectes a été appelé par Architecture Studio pour créer certains aménagements intérieurs au Parlement Européen de Strasbourg, concevoir et prescrire le mobilier des espaces recevant du public; l'hémicycle, le foyer et les salles de conférences, les salles des journalistes, les bars et les restaurants, le self-service. En intervenant sur ces différents espaces, Avant Travaux a créé plusieurs gammes de mobilier capables à la fois de dialoguer avec l'architecture et de répondre aux besoins très spécifiques de l'institution. Implanté dans un vaste bâtiment, ce mobilier cherche à la fois à répondre à l'échelle de l'édifice et à donner des points de repère. Chacun de ces meubles a été conçu "sur mesure" pour s'adapter à différents lieux et fonctions. Architecture Studio, les architectes maître d'œuvre, ont travaillé avec Avant Travaux au cours d'une collaboration étroite. Le résultat de cette démarche, volontairement située très en amont (dès la phase A.P.S.), laisse justement la voie libre à la création, à la différence, afin qu'architecture d'intérieur, aménagement et objets participent d'une même pensée, d'une logique commune, d'une unité de conception globale. L'intervention d'Avant Travaux est celle d'un autre regard porté sur les lieux, en accord avec l'architecture mais aussi "subversive" et ludique. Des jeux d'illusion, liés à la vie d'un bâtiment par moment entièrement occupé, par moment plus désert, apportent un autre ton, plus léger; le taux d'occupation des lieux est variable. Les tables et chaises par exemple jouent avec l'idée de peupler l'espace jusqu'à devenir des évocations de silhouettes, de postures, de mouvements. Les quatre bars expriment bien l'idée d'une animation diverse suivant les heures. Boîtes noires, mates, invisibles, elles sont escamotables et s'ouvrent comme des fleurs aux pétales noirs et géométriques sur un écrin d'inox. Elles appartiennent plus à un univers du spectacle qu'à la très sérieuse fonction du Parlement. Au sol, comme au travers d'un télescope, une moquette "micro cosmos" reprenant la photo agrandie d'un champ de coquelicots déploie ses couleurs vives, s'approche et s'éloigne par un jeux subtil d'échelles d'agrandissement du motif fleuri. Autour de l'hémicycle, des alcôves de cinq mètres de hauteur font écho à la monumentalité du foyer. Sortes de volutes de cuir, ces salons minuscules ou canapés ronds dont le dossier serait devenu paroi ou maison, permettent de discuter dans l'intimité, d'induire une autre perception que celle, monumentale, de la nef. Le long des couloirs-rues, les bureaux des huissiers, sortes de malles "match-box" escamotables, semblent étalonner le parcours à l'image d'un mobilier urbain. Ceux-ci remplissent, comme tout le mobilier, une double fonction: à la fois domestique et pratique mais aussi urbaine, signalétique. Pour aménager l'hémicycle et l'ensemble des salles de réunion, des pupitres et fauteuils ont été réalisés. Ce mobilier fait partie intégrante de l'architecture de la salle qu'il équipe. Les pupitres sont des éléments linéaires qui épousent la courbe des gradins, ils accentuent la géométrie du lieu. Le fauteuil des députés, "Monsieur Pol", représente la recherche d'une "troisième voie", un objet hybride entre le siège de bureau dont il adopte les exigences de confort et le fauteuil Club pour l'accueil, la présence chaleureuse, un objet couture qui tente d'allier fonctionnalité et séduction. Ce fauteuil est décliné en plusieurs versions; pour les salons, il existe une version plus basse, plus inclinée, qui en fait une profonde chauffeuse. Sur les terrasses se déclinent une version métallique de celle-ci, dont la couleur varie selon la lumière, cette variation a été créée par l'application d'une peinture contenant des pigments de cuivre et de

cobalt. Avant Travaux n'a jamais pensé des meubles-objets isolés de
leur contexte, mais des objets qui au contraire y trouvaient leur place
comme une ponctuation, un rythme, une micro architecture dans une
macro architecture.

## Avant Travaux Architectes
Laurent Gardet, Yves Lamblin, Philippe Lankry, Florence Martin

Architectes et Designers: deux métiers différents et complémentaires,
un peu comme les deux faces d'une même monnaie. Pour élargir les
champs d'activité, les uns et les autres font parfois des incursions
dans le domaine de l'autre. Il se crée alors des interférences et l'on
voit apparaître des architectures-objets et des objets-architecture,
que l'on peut difficilement classer dans telle ou telle famille.
Mais finalement quelle est la différence? Nous, architectes, nous
pouvons dire que nous raisonnons rarement sur un bâtiment, sans
un milieu physique donné. Les contraintes, le lieu, le programme,
l'époque forment les caractéristiques d'une architecture. C'est sans
doute ce qui différencie le design des designers, du design des
architectes: leurs meubles procèdent des mêmes exigences que celles
requises pour leur architecture. En un mot le mobilier d'architecture
est souvent contextuel. Ce qui n'empêche pas l'objet, créé dans ces
conditions, de devenir autonome, d'aller n'importe où, et du fait même
qu'il est mobile, de cohabiter avec d'autres ambiances, d'autres objets.
Il n'en reste pas moins, pour revenir à notre propos du début, que l'on
peut jouer à pile ou face.

Avant Travaux Architectes, Paris 1999

## Gli arredi

Avant Travaux Architectes è stato consultato da Architecture Studio per realizzare alcuni arredi interni al Parlamento di Strasburgo: ideare e prescrivere i mobili degli spazi destinati al ricevimento del pubblico; l'emiciclo, il foyer e le sale-conferenza, le sale dei giornalisti, i bar, i ristoranti, il self-service. Intervenendo sui diversi spazi, Avant Travaux ha creato diverse gamme di mobili capaci di dialogare con l'architettura e di rispondere alle esigenze molto specifiche dell'istituzione. Sistemati in un vasto edificio, questi mobili tentano di rispondere alla dimensione dell'edificio e di dare dei punti di riferimento. Ognuno di questi mobili è stato concepito "su misura", per adattarsi ai diversi luoghi e alle diverse funzioni. Architecture Studio, gli architetti incaricati, ha lavorato con Avant Travaux in stretta collaborazione. Il risultato di questo processo, volontariamente situato molto a monte (sin dalla fase A.P.S.), lascia giustamente la strada libera alla creazione, alla differenza, in modo che l'architettura d'interni, l'arredamento e gli oggetti, partecipino di uno stesso pensiero, in una logica comune, in un'unità di concetto globale. L'intervento di Avant Travaux è quello di un'altra visione sui luoghi, in accordo con l'architettura, ma anche "sovversivo" e ludico. Giochi d'illusione, legati alla vita di un edificio in alcuni momenti interamente occupato, in altri deserto, apportano un altro tono, più leggero; il grado di occupazione degli spazi è variabile. I tavoli e le poltrone, per esempio, giocano con l'idea di popolare lo spazio fino a diventare delle evocazioni di sagome, di situazioni, di movimenti. I quattro bar esprimono bene l'idea di un'animazione diversa a seconda dell'orario. Scatole nere, opache, invisibili, sono mobili che si aprono come fiori dai petali neri e geometrici, su uno scrigno di acciaio inox. Appartengono più a un universo spettacolare che alla serissima funzione del Parlamento. A terra, come attraverso un telescopio, una moquette "micro-cosmo", che riprende la foto ingrandita di un campo di papaveri, si apre con i suoi colori vivi, si avvicina e si allontana attraverso un gioco sottile di ingrandimento del motivo floreale. Attorno all'emiciclo, alcove alte cinque metri fanno eco alla monumentalità del foyer. Simili a volute in pelle, questi salotti minuscoli o i divani rotondi il cui schienale sarebbe diventato parete o casa, permettono di parlare nell'intimità, di avere una percezione diversa da quella monumentale della navata. Lungo i corridoi, le postazioni dei commessi, una specie di valigie "match-box" trasformabili, sembrano segnare il percorso verso l'immagine di un mobile urbano. Questi assolvono, come tutto il mobilio, ad una doppia funzione: non solo domestica e pratica, ma anche urbana, segnaletica. Per arredare l'emiciclo e le sale riunione, sono stati realizzati dei banchi oratori e delle poltrone. Questo mobilio è parte integrante dell'architettura della sala che esso stesso arreda. I banchi oratori sono elementi lineari che si adattano alla curva dei gradini, accentuando la geometria del luogo. La poltrona dei deputati, "Mr Pol", rappresenta la ricerca di una "terza via", un oggetto ibrido tra la poltrona da ufficio di cui adotta le esigenze di comfort e la poltrona "Club" per l'accoglienza, la presenza calorosa, un oggetto couture che tenta di conciliare funzionalità e seduzione. Questa poltrona si articola in più versioni; per i saloni esiste una versione più bassa, più inclinata, che ne fa una profonda poltrona bassa. Sulle terrazze c'è la versione metallica il cui colore varia con la luce, variazione dovuta alla vernice composta di pigmenti di rame e di cobalto. Avant Travaux non ha mai pensato mobili-oggetto isolati nel loro contesto, ma oggetti che al contrario vi trovano il loro posto come una interpunzione, un ritmo, una micro-architettura in una macro-architettura.

## Avant Travaux Architectes
Laurent Gardet, Yves Lamblin, Philippe Lankry, Florence Martin

Architetti e designers: due mestieri diversi e complementari, un po' come le due facce di una stessa moneta. Per allargare i campi di attività, gli uni e gli altri fanno talvolta delle incursioni nel settore dell'altro. Si creano pertanto delle interferenze e si vedono apparire delle architetture-oggetto e degli oggetti-architetture, che difficilmente si possono classificare in questa o in quella famiglia. Ma alla fine, qual è la differenza? Noi architetti possiamo dire che raramente ragioniamo su un edificio, senza inserirlo in un dato ambiente fisico. Le costrizioni, il luogo, il programma, l'epoca, formano le caratteristiche di una architettura. È questo probabilmente che diversifica il design dei designers, dal design degli architetti: i loro mobili derivano dalle stesse esigenze di quelle richieste per la loro architettura. In una parola il mobile dell'architetto è spesso contestuale. Ciò tuttavia non impedisce all'oggetto, creato in queste condizioni, di diventare autonomo, di andare dappertutto, e per il fatto stesso di poter essere spostato, di coabitare con altri ambienti, con altri oggetti. Vale a dire, per ritornare alla proposizione iniziale, che con esso si può giocare a testa o croce.

Avant Travaux Architectes, Parigi 1999

## The Furnishings

Avant Travaux Architectes was commissioned by Architecture Studio to design certain aspects of the interiors of the European Parliament at Strasbourg, to design and prescribe the furniture for the public reception areas, the amphitheater, foyer, conference rooms, press areas, bars, restaurants and cafeteria. Avant Travaux created several types of furniture for these different spaces that both interact with the architecture and satisfy the institution's very specific needs.

The intent of the furniture set in this immense building was to respond to the structure's scale and to provide certain reference points. Each piece of furniture was custom made so that it could adapt to the different sites and functions. The project managers of Architecture Studio closely collaborated with Avant Travaux. The result of this process, which intentionally began very far in advance (since the A.P.S. phase), gave free reign to creativity and difference so that the interior architecture, fittings and objects corresponded to the same philosophy, common logic, and unified global concept. Avant Travaux's intervention provides another interpretation of the areas – in harmony with the architecture, but also "subversive" and playful. Certain illusionistic effects, related to the fact that the building is sometimes full of people and at other times deserted, provide a different, lighter tone.

The occupancy of the different areas varies. The tables and chairs, for example, play with the idea of populating the space, evoking silhouettes, poses and movements. The four bars successfully express the idea of different levels of animation according to the hours of the day. They are black mat, invisible boxes that open and close like flowers with black, geometric petals against a stainless steel background, belonging more to a theatrical universe than to the serious function of parliament. The "micro-cosmos" carpeting appears as through a telescope, and represents an enlarged view of a field of poppies. It unfurls its bright colors, advancing and retreating in a subtle play on the enhanced scale of the floral motif.

Around the amphitheater, alcoves measuring five meters in height echo the foyer's monumentality. Sort of like leather volutes, the backs of these minuscule salons or rounded sofas become walls or housing, allowing discussions in an intimate atmosphere and suggesting an environment other than the monumental nave. Along the corridor-avenues, the offices of the bailiffs – collapsible match box-like trunks – seem to calibrate the area to the image of urban furnishing. Like all the furniture, they serve a double function – domestic and practical, but also urban and emblematic.

Desks and armchairs were created to fit out the amphitheater and the conference rooms. This furniture forms an integral part of the architecture of the room it equips. The desks are linear elements that combine with the curve of the steps, accentuating the site's geometry. The deputies' "Monsieur Pol" armchairs represent a search for a "third way" or hybrid between the comfort of the desk chair and the welcome and warmth of the club chair – a couture object that allies function and seduction. This armchair exists in several versions. For the salons, there is a lower, more inclined version, which makes a deep, low armless chair. For the terraces, a metallic version, whose color varies according to the light, caused by a paint containing copper and cobalt pigments. Avant Travaux never thinks of its furniture-objects as isolated from their contexts, but as objects that serve as a punctuation mark, a rhythm, or micro-architecture within macro-architecture.

## Avant Travaux Architects
Laurent Gardet, Yves Lamblin, Philippe Lankry, Florence Martin

Architects and designers – two different and complementary professions, a little like two sides of the same coin. Sometimes each makes incursions into each other's field in order to enlarge their respective field of activity. They create interpositions, resulting in architecture-objects and object-architectures, which are difficult to class within one family or the other. But in the end, what is the difference? We architects rarely deliberate upon a building without a given physical milieu. The constraints, site, program and epoch formulate architecture's characteristics. That is undoubtedly what differentiates design by designers from design by architects – furniture devised by architects follows the same requirements as the architecture. In a word, architectural furnishings are often contextual, which does not prevent the object created in these conditions from becoming autonomous and existing elsewhere. Because it is mobile, it can cohabitate with other environments and other objects. To return to our initial argument, there's nothing that can't be played both ways.

Avant Travaux Architectes, Paris 1999

Inneneinrichtung

Avant Travaux Architectes wurde von Achitecture Studio damit beauftragt, Teile der Inneneinrichtung des Europäischen Parlaments in Straßburg zu schaffen, die Möbel der dem Publikum zugänglichen Räumlichkeiten zu entwerfen und aufzustellen. Der halbkreisförmige Plenarsaal, das Foyer und die Konferenzsäle, die Räume für die Presse, die Bars, Restaurants und Selbstbedienungskantinen. Bei der Einrichtung der verschiedenen Räumlichkeiten hat Avant Travaux mehrere Paletten von Möbeln hervorgebracht, die jeweils mit der sie umgebenden Architektur dialogisieren und gleichzeitig den ganz besonderen Anforderungen der Institution entsprechen. Die Einrichtung dieses weitläufigen Gebäudes versucht jeweils der Bedeutsamkeit des Baus gerecht zu werden und zugleich Kennstriche zu setzen. Jedes einzelne Möbelstück wurde zur optimalen Anpassung an die jeweiligen Räume und Funktionen "nach Maß" konzipiert. Architecture Studio und die den Bau leitenden Architekten haben eng mit Avant Travaux zusammen gearbeitet und das Resultat dieser Vorgehensweise, die bewußt schon ganz zu Beginn (mit der A.P.S.-Phase) eingesetzt hat, lässt dem kreativen Prozess und der Differenzierung freie Hand, nur dass Innenarchitektur, Einrichtung und die Objekte einer gemeinsamen Denkweise und Logik und einer einheitlichen globalen Konzeption entspringen. Die Arbeit von Avant Travaux geht von einer besonderen Betrachtung der Örtlichkeiten aus und steht im Einklang mit der Architektur, ist aber gleichzeitig "subversiv" und ludisch. In einem Gebäude, das zeitweise voll besetzt ist, dann aber wieder ganz leer stehen kann, bringen Spiele mit der Optik einen anderen und leichteren Tonus. Die Bevölkerungsrate der Räumlichkeiten variiert. Beim Entwurf der Tische und Stühle zum Beispiel wurde spielerisch von einem bevölkerten Raum ausgegangen, wie aber auch von der Vorstellung, dass diese Möbel lediglich Silhouetten, Posituren oder Bewegungen wachrufen können. Anhand der vier Bars erkennt man, wie der Faktor der im Tagesablauf schwankenden Bevölkerung miteinbezogen ist. Es sind schwarze Schachteln, mattiert und unsichtbar, die verschwinden können und sich dann wie eine Blume mit schwarzen und geometrischen Blütenblättern auf einem Inox-Schrein öffnen können. Eigentlich tragen sie eher den Charakter des Schauspiels, als den der so ernsthaften Funktion des Parlaments. Der Fußboden erscheint wie eine Ansicht durch ein Teleskop. Gleich einem "Mikrokosmos" nimmt der Teppich die photographische Vergrößerung eines Mohnfeldes auf und entfaltet seine bunten Farben, wobei das Blumenmotiv durch ein subtiles Spiel mit den Vergrößerungsabstufungen mal näher mal weiter entfernt erscheint. Rings um den Plenarsaal bilden fünf Meter hohe Alkoven eine Erwiderung der Monumentalität des Foyers. Es handelt sich hier um eine Art von ledernen Spiralen, um winzige Salons oder Kanapees, deren Rückenlehnen als Trennwand fungieren und einen abgeschlossenen Raum bilden, wo man in aller Abgeschiedenheit plaudern kann und der eine andere Wahrnehmungsstufe gestattet als der Hauptraum. Längs der Straßen-Korridore scheinen die Logen der Amtsdiener wie eine Art von versenkbarem Schrankkoffer in Form einer "match-box" dem Weg das Erscheinungsbild eines urbanen Möbels zu verleihen. Wie die ganze Einrichtung haben auch sie eine doppelte Funktion inne: einerseits sind sie häusliche und praktische Objekte, andererseits haben sie eine urbane und erkennungsdienstliche Aufgabe. Zur Einrichtung des Plenarsaales und der anderen Sitzungssäle wurden Pulte und Sesssel entworfen. Diese Möbel sind integrierender

Bestandteil der Architektur des jeweiligen Saals, in dem sie stehen. Bei den Pulten handelt es sich um lineare Elemente, die sehr gut mit der Biegung der Stufen harmonisieren und die Geometrie des Raumes unterstreichen. Die Sessel der Abgeordneten, "Monsieur Pol", sind das Resultat der Suche nach einer "goldenen Mitte", denn dieses hybride Objekt ist die Mischung aus einem Bürostuhl mit allen Anforderungen an die Bequemlichkeit und einem Clubsessel zum Empfang in warmer Atmosphäre schafft; ein Grenzobjekt, bei dem versucht wurde, Funktionalität und reizvolles Aussehen miteinander zu verbinden. Diesen Sessel gibt es in verschiedenen Ausführungen: Für die Aufenthaltsräume wurde eine niedrigere Version mit weiter zurückgelehnter Rückenlehne geschaffen, also ein tiefer Lehnsessel. Auf den Sitzstufen hingegen thront eine Version aus Metall, deren Farbe auf das Licht abgestimmt ist. Diese Ausführung wurde durch eine Bemalung mit kupfer– und kobalthaltiger Farbe erzielt. Es ist nicht der Stil von Avant Travaux Möbel-Objekte zu entwerfen, die mit ihrer Umgebung nichts zu tun haben; stattdessen fügen sich die Objekte von Avant Travaux gleich einer Zeichensetzung in ihre Umgebung ein, bilden einen Rhythmus, eine Mikroarchitektur innerhalb einer Makroarchitektur.

## Avant Travaux Architectes
Laurent Gardet, Yves Lamblin, Philippe Lankry, Florence Martin

Architekt und Designer – das sind zwei verschiedene aber auch komplementäre Berufe, etwa so wie die beiden Kehrseiten einer Münze. Um ihr Betätigungsfeld zu erweitern, unternehmen sowohl die einen als auch die anderen Vorstöße in den Bereich des jeweils anderen. So kommt es zu Überlagerungen und es entstehen Architektur-Objekte und Objekt-Architektur, die man nur schwerlich der einen oder anderen Familie zuordnen kann. Doch wo liegt der Unterschied? Wir Architekten können behaupten, dass wir nur selten an einem Gebäude arbeiten, ohne das tatsächlich existierende Umfeld miteinzubeziehen. Gebundenheit an einen Ort, Programm und Zeitgeist beeinflussen die Charakteristiken eines Gebäudes. Und diese Faktoren unterschieden sicherlich auch das Design der Designer vom Design der Architekten: ihre Möbel entsprechen den gleichen Anforderungen, denen auch ihre Architektur verpflichtet ist. Kurz gesagt: die Architektur-Möbel sind meistens an den Kontext gebunden. Das aber hindert ein unter spezifischen Bedingungen geschaffenes Objekt nicht daran, autonom zu werden und irgendwoanders hin zu kommen, und dort eben auf Grund seiner Mobilität mit anderen Umgebungen und anderen Objekten zu harmonisieren. Bezüglich der zu Beginn aufgeworfenen Frage, bleibt uns also nichts Anderes übrig, als auf Kopf oder Zahl zu setzen.

Avant Travaux Architectes, Paris 1999

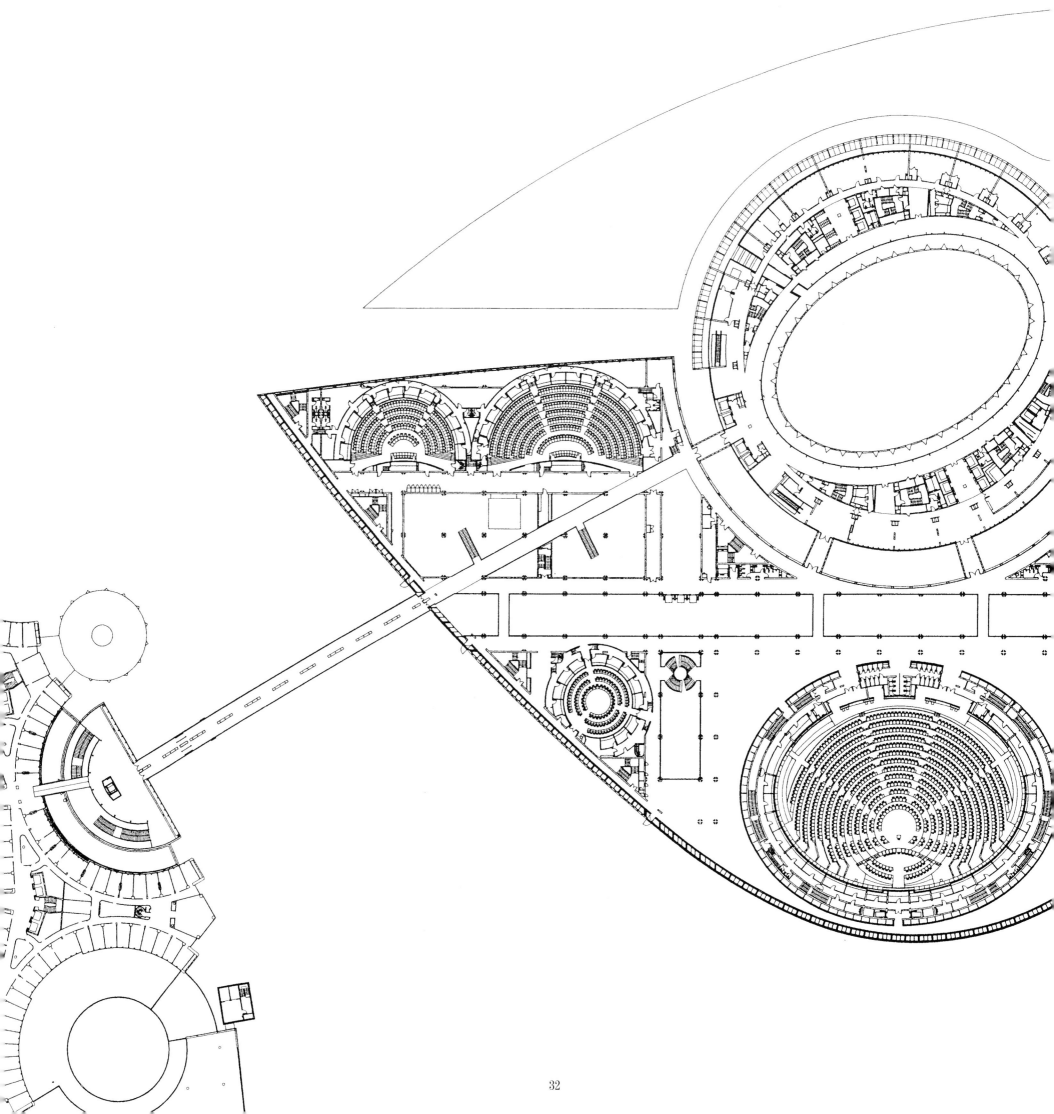

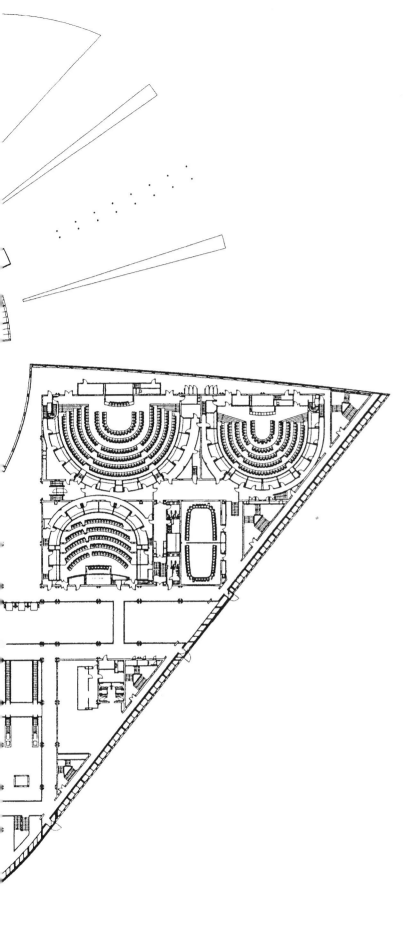

Cette page et pages suivantes:
Plans et coupes du Parlement Européen

In questa pagina e alle seguenti:
Disegni tecnici del Parlamento Europeo

This and following pages:
Industrial designs of the European Parliament

Auf dieser und den folgenden Seiten:
Planskizzen und Abschnitte des Europäischen Parlaments

0    10    25

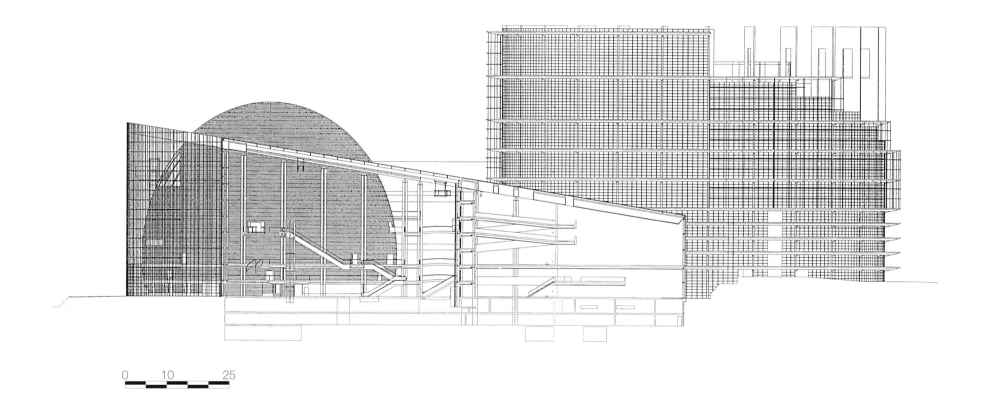

0    10    25

34

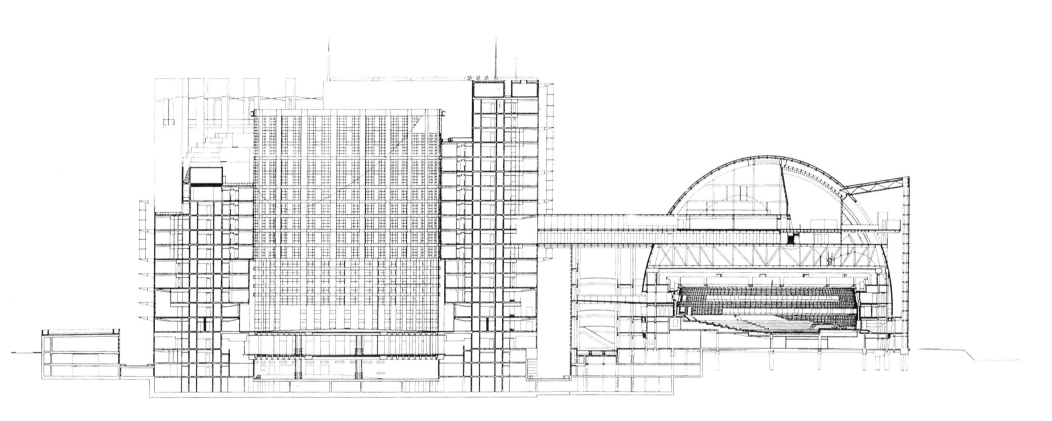

0    10    25

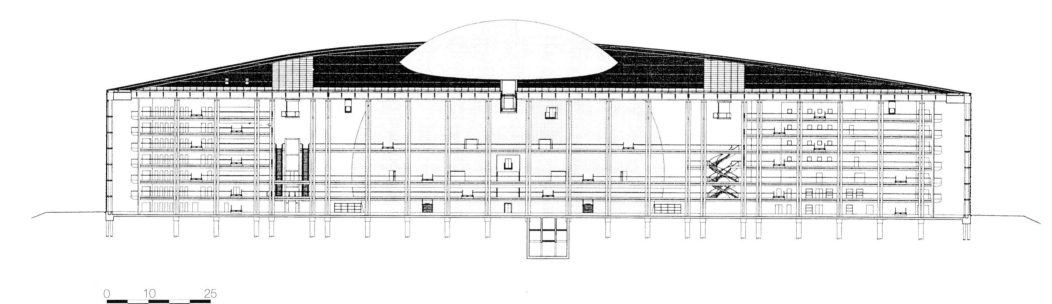

0    10    25

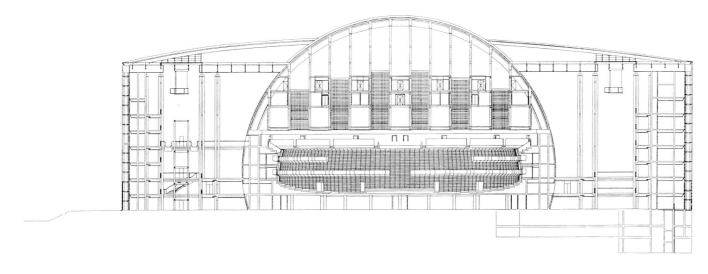

Parvis d'entrée vu de nuit
Entrata del Parlamento vista di notte
Entrance square at night
Eingangsvorhof bei Nacht

Ci-dessus:
Agora vue de haut
Page de gauche:
Agora

Sopra:
Agorà vista dall'alto
A fianco:
Agorà

Above:
Agora seen from above
Opposite:
Agora

Oben:
Agora von oben gesehen
Auf der linken Seite:
Agora

Agora
Agorà
Agora
Agora

Ci-dessus:
Promenade en haut de la tour de bureaux
Page de droite:
Jardins suspendus

Sopra:
Promenade sulla torre degli uffici
A fianco:
Giardini pensili

Above:
Promenade from the office tower
Opposite:
Suspended gardens

Oben:
Oberer Rundlauf des Büroturms
Auf der rechten Seite:
Die hängenden Gärten

Détail de la façade intérieure de la tour de bureaux
Dettaglio della facciata interna della torre degli uffici
Detail of the office tower's inner façade
Detail von der Innenansicht der Fassade des Büroturms

Détail de la toiture
Dettaglio del tetto
Detail of roofing
Detail der Bedachung

Ci-dessus et page de droite:
Détails du foyer

Sopra e a fianco:
Dettagli dell'ingresso (foyer)

Above and right page:
Details of the main entrance (foyer)

Oben und auf der rechten Seite:
Detailaufnahmen vom Haupteingang (Foyer)

Ci-dessus, page de gauche et pages suivantes:
Détails du foyer

Sopra, a fianco e pagine successive:
Dettagli dell'ingresso (foyer)

Above, left and following pages:
Details of the main entrance (foyer)

Oben, auf der linken und dene folgenden Seiten:
Detailaufnahmen vom Haupteingang (Foyer)

Circulation intérieure
Corridoio interno
Interior hallway
Innerer Rundgang

Ci-dessus:
Rampe d'accès au parking
Page de gauche:
Rampe promenade

Sopra:
Rampe d'accesso al parcheggio
A fianco:
Rampe promenade

Above:
Parking access ramp
Opposite:
Promenade ramp

Oben:
Einfahrtrampe zum Parkplatz
Auf der linken Seite:
Promenadenrampe

Hémicycle
Emiciclo
Amphitheater
Der halbkreisförmige Plenarsaal

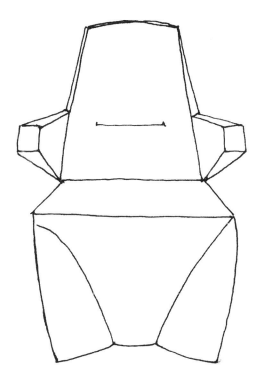 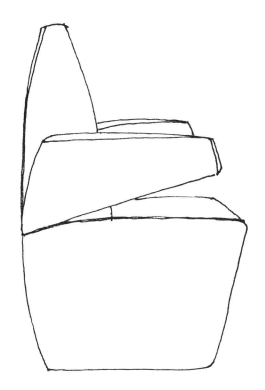

Ci-dessus:
Siège de l'hémicycle dessiné par Avant Travaux
et fabriqué par Poltrona Frau
Page de gauche:
Détail du pupitre de l'hémicycle dessiné par
Avant Travaux et fabriqué par Poltrona Frau

Sopra:
Sedute dell'emiciclo disegnate da Avant Travaux
e realizzate da Poltrona Frau
A fianco:
Dettaglio del banco parlamentare disegnato da
Avant Travaux e realizzato da Poltrona Frau

Above:
Amphitheater chair designed by Avant Travaux
and produced by Poltrona Frau
Opposite:
Detail of amphitheater desk designed by
Avant Travaux and produced by Poltrona Frau

Oben:
Sitz im Plenarsaal, entworfen von Avant Travaux
und fabriziert von Poltrona Frau
Auf der linken Seite:
Detailaufnahme des Pults im Plenarsaal, entworfen
von Avant Travaux und fabriziert von Poltrona Frau

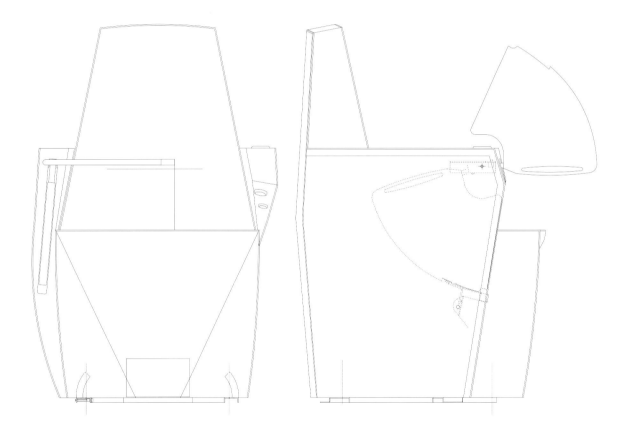

Ci-dessus:
Dessins techniques du fauteuil Monsieur Pol
avec équipement conférence
Page de gauche:
Chauffeuse Monsieur Pol en cuir rouge

Sopra:
Disegni tecnici delle sedute Monsieur Pol
da conferenza
A fianco:
Poltrone Monsieur Pol in pelle rossa

Above:
Technical drawings for the Monsieur Pol
armchair with conference facilities
Opposite:
Monsieur Pol armchair in red leather

Oben:
Technische Entwurfsskizzen des Sessels
Monsieur Pol mit Konferenzausstattung
Auf der linken Seite:
Lehnsessel Monsieur Pol aus rotem Leder

Salle de commission: fauteuil Monsieur Pol en simili cuir bleu avec pupitre tendu tissu
Sala commissioni: poltrona Monsieur Pol in similpelle blu con banchi rivestiti in tessuto
Committe room: Monsieur Pol armchair in blue imitation leather with fabric upholstered desk
Saal der Kommission: Sessel Monsieur Pol aus blauem Lederimitat mit stoffüberzogenem,
gepolstertem Besprechungstisch.

Ci-dessus:
Fauteuil Monsieur Pol avec équipement conférence
Page de gauche:
Fauteuil Monsieur Pol en simili cuir bleu avec pupitre tendu tissu

Sopra:
Poltrone Monsieur Pol da conferenza
A fianco:
Poltrone Monsieur Pol in similpelle blu con banco rivestito in tessuto

Above:
Monsieur Pol armchair with conference facilities
Opposite:
Monsieur Pol armchair in blue imitation leather with fabric upholstered desk

Oben:
Sessel Monsieur Pol mit Konferenzausstattung
Auf der linken Seite:
Sessel Monsieur Pol aus blauem Lederimitat mit stoffüberzogenem, gepolstertem Sitzbank

Salle de réunion: fauteuil Monsieur Pol en simili cuir bleu avec pupitre tendu tissu
Sala riunioni: poltrona Monsieur Pol in similpelle blu con banchi rivestito in tessuto
Conference room: Monsieur Pol armchair in blue imitation leather with fabric upholstered desk
Sitzungssaal: Sessel Monsieur Pol aus blauem Lederimitat mit stoffüberzogenem, gepolstertem Besprechungstisch.

Ci-dessus:
Tribune hémicycle-strapontins habillés
de tissu
Page de gauche:
Fauteuil Monsieur Pol en métal

Sopra:
Tribuna dell'emiciclo – sedute rivestite in
tessuto
A fianco:
Poltrone Monsieur Pol in metallo

Above:
Amphitheater gallery – fabric upholstered
foldaway seats
Opposite:
Metal Monsieur Pol armchair

Oben:
Tribüne des Plenarsaals – stoffüberzogene,
gepolsterte Klappsitze
Auf der linken Seite:
Lehnsessel Monsieur Pol aus Metall

La cour d'entrée du bâtiment vue d'en bas
Il cortile d'ingresso dell'edificio visto dal basso
The entrance courtyard to the building seen from below
Eingangshof von unten aus gesehen

Architectes (de gauche à droite):
Architetti (da sinistra a destra):
Architects (from left to right side):
Architekten (link zu recht):
Laurent-Marc Fischer
Alain Bretagnolle
Rodo Tisnado
Jean-François Bonne
Martin Robain
René-Henri Arnaud

Finito di stampare nel mese di maggio 2001
da Nava press, Milano
per conto di Poltrona Frau